AF267710

LA

RÉPUBLIQUE

EN 1871

LA
RÉPUBLIQUE

EN 1871

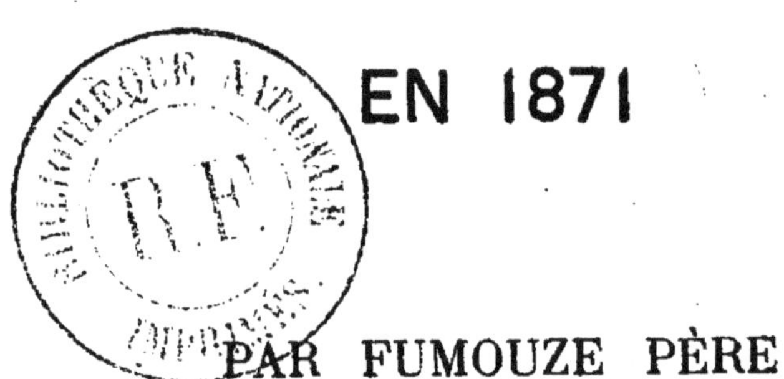

PAR FUMOUZE PÈRE

PARIS

E. DENTU, LIBRAIRE-ÉDITEUR

PALAIS-ROYAL

—

1871

LA

RÉPUBLIQUE

EN 1871

I

Depuis quatre-vingts ans, la République et la Monarchie se disputent le Gouvernement de la France : la Monarchie prétextant d'une antique possession ; la République invoquant les droits de l'homme.

Quand l'une des trois branches monarchiques occupe le trône, les deux autres se rapprochent volontiers, et s'entendent tacitement avec les républicains pour faire échec au Gouvernement. Quand la République a le dessus, tous les détrônés se liguent contre elle pour la renverser, sauf à se disputer plus tard la position.

Il en résulte que la nation est en révolution permanente, latente ou sensible ; faisant tous les frais des bouleversements sans en retirer les profits, qui sont d'ordinaire réservés à quelques grandes ambitions plus ou moins scrupuleuses et méritantes.

Dès qu'un parti triomphe, il est aussitôt assailli par une armée de solliciteurs, qui *démontrent la nécessité de les occuper*. Alors, avec un laisser-aller peu raisonné, les destitutions arbitraires et impolitiques se succèdent, froissant les populations et créant au Gouvernement des ennemis irréconciliables qu'il eût été possible et sage de s'attacher. Non pas qu'il soit facile de gouverner dans un ordre nouveau, avec des fonctionnaires craignant pour leurs positions; mais le remplacement immédiat des hommes politiques est la seule mesure que la raison d'État commande quelquefois, et encore demande-t-elle de la modération, du tact.

II

Quand la branche cadette des Bourbons remplaça la branche aînée, on put croire à l'avénement définitif du Gouvernement parlementaire libéral ; l'exemple de l'Angleterre nous apprenant qu'après avoir décapité la royauté absolue, passé par la République et tous les excès révolutionnaires, subi le règne du sabre, accepté la restauration des reliques royales, la nation mûrie arrivait au port en se donnant librement un Gouvernement rationnel et expérimenté, avec une dynastie populaire. Mais, hélas ! s'il est vrai que Charles X ait pris Jacques II pour modèle, on ne peut dire que les d'Orléans aient imité Guillaume de Nassau, et la France est toujours la terre des tempêtes.

En vieillissant, Louis-Philippe oublia que la nation était majeure ; il s'entoura de conseillers réfractaires au mouvement libéral du pays, à ce point que l'adjonction des *capacités* sur les listes électorales n'eut pas de plus rudes ennemis ; il ne comprit pas que le progrès lent, mais constant, était désormais la grande loi des esprits éclairés. On sait le reste : le trône croula en 1848 comme en 1830.

Celui qui examine attentivement ces deux révolutions leur trouve la même cause : deux vieillards usés s'obstinant au Gouvernement, qui ne devrait jamais se trouver qu'en des mains fermes et viriles, et pour un temps déterminé ; car l'homme qui vieillit dans l'exercice du pouvoir finit par croire que ce pouvoir est son bien inaliénable ; il n'accepte plus la contradiction, qu'il considère comme un attentat. (C'est surtout chez les vieillards que l'entêtement ressemble à la folie).

On voit, il est vrai, des natures exceptionnelles chez lesquelles le poids de l'âge est sans puissance. Tel apparaît l'homme illustre et vénéré qui est à la tête de notre jeune République. En thèse générale, cependant, le sexagénaire doit songer à la retraite, d'autant plus indiquée que les fonctions qu'il remplit sont plus élevées, plus difficiles.

La Révolution de 1848 nous donna la République ; elle ne révéla pas ces grands hommes d'État qui maîtrisent les positions critiques. On put croire cependant que la République triompherait définitivement, lorsqu'on vit l'Assemblée constituante à l'œuvre. Elle fit une Constitution, cela est vrai ; mais, fatiguée, étonnée peut-être de son audace, elle abandonna la partie avant de décréter les lois organiques, sans lesquelles la nouvelle Constitution ne pouvait fonctionner. C'était un char sans roues. La confusion s'ensuivit; la République ne put supporter les assauts qui lui furent portés, avec une Assemblée législative où le césarisme faisait déjà son apparition hautaine. Un nouveau trône s'éleva sous l'escorte du sabre et de l'absolutisme, habilement abrités derrière le suffrage universel.

Organisé par l'Empire, le suffrage universel est un instrument discordant au service du pouvoir; c'est l'ignorance mise au-dessus de l'intelligence; c'est un leurre démocratique pour introduire dans toutes les couches de la société la pourriture d'en haut. Je répète aujourd'hui bien tristement ce que j'ai dit pendant vingt ans. Changeons tout cela ou renonçons à la liberté.

III

Le 4 septembre 1870, les républicains espérant sauver la patrie en danger, ont ramassé le pouvoir, tombé misérablement à Sedan. Ont-ils fait tout ce qu'ils devaient faire? N'ont-ils fait que ce qu'ils devaient faire? Il y a fort à dire; mais qu'on ne se hâte pas de leur jeter la pierre. Si le Gouvernement de la Défense nationale n'avait pas été obligé de se scinder; s'il lui eût été possible de rester entier dans Paris et de se faire entendre de la

France par une seule voix, les regrettables contradictions qui se sont produites n'auraient pas eu lieu, le mécontentement d'un grand nombre d'esprits eût été évité.

Quelles que soient les opinions, il faut reconnaître que les hommes de Septembre voulaient la paix, une paix équitable. Les déclarations du roi de Prusse permettaient de croire que l'Allemagne s'était ruée contre l'Empire et non contre la France. Il fut bientôt prouvé que la ruine de la France était le but réellement poursuivi par les Germains coalisés.

Le Gouvernement de la Défense nationale, Gouvernement de circonstances, n'avait donc plus qu'à combattre, et la résistance de Paris, prolongée au delà des limites que les prévisions humaines autorisaient, donna au pays un temps moral pour se reconnaître et s'organiser. — Cela sera compté dans l'histoire. — Malheureusement, rien n'était prêt, même en germes; le génie national semblait embourbé, putréfié par vingt ans d'aventures et de cascades..... Il fallut passer sous les fourches caudines. On en revient, ne l'oublions pas.

IV

Les élections, que j'aurais voulues dès le mois d'octobre, alors que Paris n'était pas affamé, et qu'une partie des départements envahis depuis était libre encore, ont enfin rétabli le Gouvernement régulier, que l'ennemi *exigeait* pour traiter.

L'Assemblée nationale a-t-elle pour unique mission de faire la paix ou la guerre? Personne ne le pense; la France ne peut rester indéfiniment dans le provisoire, et il appartient à ses élus de lui donner un Gouvernement définitif, en consolidant la République par la nomination immédiate de son chef, et par la promulgation de quelques lois qui affirment le nouveau régime.

On demandera peut-être un plébiscite pour ratifier cette première élection ou toute autre. A mon avis, qu'il vienne d'en haut ou d'en bas, le plébiscite est toujours une comédie, un mensonge, attendu que ceux qui le demandent ou le proposent ne s'y décident qu'après s'en être assuré les bénéfices par des moyens plus ou moins avouables.

Il appartenait à notre époque d'en fournir une preuve nouvelle :

L'Empire ébranlé, ou tout au moins troublé par les progrès de l'opposition dans chaque période électorale, sembla disposé à se soumettre au Gouvernement parlementaire, basé sur la paix et la liberté. Le peuple s'y laissa prendre, et l'imposante majorité plébiscitaire qui s'ensuivit, mal interprétée par le maître, le gonflant d'un fol orgueil, a contribué pour une grande part à la déclaration de guerre intempestive où il a sombré, entraînant la France dans d'incalculables abîmes. Ne recommençons pas ces expériences.

V

Beaucoup de républicains, et je suis du nombre, considérant la République élective comme le Gouvernement de l'avenir, gagnant du terrain par le développement de l'instruction publique, qui moralise les masses et leur fait apprécier la liberté, se seraient suffisamment et provisoirement accommodés d'une Monarchie parlementaire libérale, espèce de République héréditaire, à la place du Gouvernement personnel. Le drame de Sedan a fait avancer la question, et il serait déplorable de revenir en arrière.

Si donc l'Assemblée nationale, sagement inspirée, se mettant en dehors et au-dessus de tous les partis extrêmes, proclame et consolide la *République modérée,* la seule enviable et viable, elle aura fermé l'ère des révolutions, les mêmes droits et les mêmes devoirs incombant à tous les enfants de la France.

Quand, après avoir chassé l'Anglais, les États-Unis d'Amérique voulurent se constituer en nation, on vit les Washington, les Jefferson, les Adams, et d'autres illustres citoyens qui avaient contribué à la victoire, dans une grande perplexité. Comment concilier les intérêts des États engagés? Comment formuler une Constitution qui laissât assez de liberté administrative à ces États, sans amoindrir la mère-patrie? Ils en vinrent à bout par des concessions réciproques, et nous admirons aujourd'hui la grandeur et la force de cette jeune nation.

Est-ce à dire que ce qui convient si bien aux États-Unis convienne de même aux États d'Europe, à la France? Non, certes. Les États américains avaient à peine quatre millions d'habitants en 1776, au moment de leur organisation définitive; ils possédaient de vastes territoires inoccupés; *ils formaient tout de toute pièce.*

Nous avons, au contraire, un état civil qui se perd dans la légende, des lois et une organisation séculaires. Au lieu de provinces en présence, avec leurs intérêts propres, comme aux États-Unis avant la fédération, la France a des partis prétendant chacun, à tort ou à raison, posséder certains droits. Qu'ils imitent ces grands citoyens fondateurs de l'Indépendance américaine; qu'ils abandonnent leurs prétentions réciproques au profit de la nation; qu'ils fassent litière du passé et ne songent qu'à la patrie, lorsqu'ils vont être appelés à préparer les lois qui doivent la régénérer, sans secouer trop brusquement les habitudes nationales de 38 millions d'habitants.

Après ces considérations générales, j'arrive aux voies et moyens qui me paraissent devoir assurer cette régénération. Non pas que j'aie la sotte prétention de me croire plus habile que le commun des hommes, mais simplement pour accomplir le devoir du citoyen apportant son faible tribut à la somme totale des efforts de tous.

Les divers Gouvernements qui se sont succédé

en France depuis 89 ont fait chacun des Constitutions très-étendues, très-compliquées, qui forment une espèce de code infranchissable, quoique toujours franchi. Il me semble que la sagesse commande aujourd'hui d'anéantir toutes ces Chartes et Constitutions, qui ne servaient jamais qu'à fortifier les mauvais desseins du Pouvoir contre les aspirations nationales, sous le prétexte de questions constitutionnelles.

Un monarque règne à certaines conditions qu'il a acceptées, et qui réservent les droits de la nation, *apparemment*. En fait, les Chartes et les Constitutions monarchiques ne sont qu'un contrat synallagmatique entre le chef et les citoyens. Contrat nécessaire, soit. En République, ce pacte n'est point à faire, puisque tous les citoyens ont les mêmes droits et les mêmes devoirs. Ces droits et ces devoirs reposant sur la Loi, qui peut toujours être modifiée ou rapportée selon les besoins, pourquoi donc entraver cette mobilité nécessaire au progrès par la barrière dite *Constitution* ? Je pose la question avec l'espoir qu'elle fixera l'attention des législateurs.

Non pas que je demande le remaniement permanent de nos lois. Loin de là ! si j'avais un vœu à émettre, il consisterait à solliciter une révision générale, un nouveau Code complet, *seul guide* du juge, et ne renvoyant pas à chaque pas à telles ou telles autres lois anciennes, surannées, contradictoires, qui embrouillent trop souvent les questions les plus simples ; arsenal à procès, ruinant tous les plaideurs, déroutant la bonne foi, et faisant souvent douter de la justice.

Dans l'ordre d'idées que je poursuis, la République demande impérieusement quelques lois organiques, qui rassurent tous les esprits sur sa vitalité.

Voici les projets que je me permets de soumettre à nos législateurs.

VI

DU GOUVERNEMENT.

1° Le Gouvernement de la France est une République, fonctionnant uniquement par l'application des lois.

2° Toutes Constitutions antérieures à ce jour, quelles que soient leur forme et leur dénomination, sont abrogées.

3° La République est gouvernée par un Président, un Vice-Président, une Chambre des députés et un Sénat, qui seront nommés et fonctionneront comme il sera établi par les lois.

VII

PROJET SUR L'INSTRUCTION ÉLÉMENTAIRE.

1° L'instruction élémentaire est gratuite et obligatoire. Chaque commune ouvrira et entretiendra une ou plusieurs écoles pouvant recevoir tous les enfants. Ces écoles pourront être mixtes et réunir dans le même local les enfants des deux sexes; ou divisées en deux sections, l'une pour les garçons, l'autre pour les filles.

2° Les femmes reconnues aptes à remplir ces fonctions pourront, comme les hommes, être appelées à diriger ces écoles.

3° Les citoyens ont le droit de créer des écoles privées et les entretenir de leurs deniers, à la condition de les diriger ou faire diriger par des personnes ayant rempli les conditions d'aptitude imposées aux professeurs des écoles publiques.

Toutes les écoles sont soumises à la surveillance de l'autorité; l'instruction à domicile en est seule exceptée.

Dans ce projet, je me suis inspiré des Constitutions de divers États, mais aussi des auteurs qui font le mieux connaître l'Union américaine (de Tocqueville, Laboulaye, Simonin, etc.). C'est dans leurs ouvrages que j'ai trouvé l'exemple des *femmes professeurs,* dont les habitants s'applaudissent. La femme sait mieux que l'homme s'adapter aux besoins de l'enfance, à laquelle, en définitive, il s'agit d'apprendre à lire, à écrire, à calculer. La femme trouve dans cet emploi une occupation en rapport avec ses forces, et dépense moins que l'homme. Pour la même somme, nous pourrions, avec des femmes, doubler nos écoles. Ces écoles ne recevant que de jeunes enfants, il n'y aurait aucun inconvénient à y mêler les filles et les garçons, comme cela s'est longtemps pratiqué et se pratique encore dans quelques-unes de nos communes. Les Américains assurent même que cette éducation en commun rend les relations futures plus faciles, plus douces, plus fructueuses.

VIII

PROJET DE LOI ÉLECTORALE.

1° Tout Français, sachant lire et écrire, domicilié depuis au moins un an dans une commune, est inscrit sur la liste électorale de cette commune, à l'âge de 25 ans révolus, sauf les cas d'empêchements édictés par les lois;

2° Au jour du vote, tous les bulletins seront écrits sur papier fourni par le bureau, de manière à ce que le secret soit absolu. Les bulletins non manuscrits seront nuls;

3° Tout électeur qui, sans motifs légitimes (maladie, absence, service public, etc.), laissera faire deux élections auxquelles il doit participer sans voter, sera rayé de la liste électorale et perdra les fonctions qui en découlent, s'il en occupe. Il ne pourra être réintégré sur la liste électorale qu'après deux nouvelles élections accomplies.

4° *Article transitoire.* — Pendant dix ans, à partir de la promulgation de la présente loi, l'obligation de savoir lire et écrire ne sera pas imposée; les électeurs pourront alors faire écrire leurs bulletins de vote par un de leurs co-électeurs.

Je ne sais si la jeunesse des temps modernes a une maturité plus hâtive que celle de ma génération; mais je ne saurais trop l'engager à se préparer à l'exercice des droits et des devoirs du citoyen par l'étude et la méditation, en général incomplètes à 20 ans. Électeur moi-même à 25 ans seulement, en 1835, cela me parut très-suffisant en consultant mes forces morales et mon savoir politique. Et cependant ma jeunesse s'était écoulée dans l'étude et le travail les plus assidus. Je ne voudrais donc l'inscription sur les listes électorales qu'à 25 ans accomplis, faisant ainsi concorder le commencement de la vie politique avec la fin du service dans l'armée, comme on le verra plus loin.

En Amérique, dans ce pays de vraie liberté, nul n'est électeur s'il ne paye un impôt quelconque, ne fût-ce que la *personnelle* ou la *prestation en nature.* Cette disposition a le grand avantage d'établir sérieusement le domicile de tous les électeurs. Je n'ose cependant pas le demander par respect pour des usages qui ont leur valeur; mais il serait à désirer que les citoyens voyageurs ne pussent jamais aborder le scrutin s'ils n'ont au moins un an de domicile dans leur résidence accidentelle. Je voudrais aussi que les indigents, vivant sur la charité publique (les pauvres de Bicêtre, par exemple), ne pussent être électeurs, désintéressés qu'ils sont dans le mouvement de l'opinion publique. Il ne faut pas que le droit le plus considérable, celui d'élire les chefs du pays, reste en des mains débiles, incapables ou indifférentes.

Les bulletins imprimés semblent avoir été inventés pour surprendre la bonne foi des faibles, corrompre l'élection et entretenir les habitants des campagnes dans leur ignorance héréditaire. Tout progrès est à peu près impossible de ce côté, si, par l'instruction gratuite et obligatoire, on ne fait pas sortir les paysans de l'hébêtement où ils croupissent; si on ne les met *tous* en état de pouvoir lire les actes publics, d'écrire leur bulletin de vote. Mais qu'on ne s'y trompe pas, ces résultats obtenus, le paysan sera souvent supérieur à l'ouvrier des villes et des centres usiniers, parce qu'avec la même intelligence, il est plus austère dans ses mœurs, plus réservé dans ses libations.

Un an de domicile est une garantie nécessaire pour obtenir le titre d'électeur et éviter les erreurs et les surprises qui se sont trop souvent produites dans les grands centres de population flottante.

Enfin, il me paraît indispensable d'établir une sanction pénale, qui empêche les abstentions au jour du vote, lorsqu'elles ne sont pas motivées. Tel est le but de l'article 3 du projet; il se passe de commentaires.

La loi électorale est la plus importante des lois de la République; c'est par elle que se font et se défont tous les pouvoirs actifs, c'est-à-dire l'*État*. Il est donc indispensable de ne l'édicter qu'avec une grande prudence, évitant également les abus du cens électoral qui précédèrent 1848, et les excès non moins fâcheux du suffrage universel mal équilibré. Ai-je réussi, ai-je échappé aux deux écueils?

Je l'espère. Le lecteur appréciera, l'avenir prononcera.

IX

CONSEILS MUNICIPAUX.

1° Les Conseils municipaux de toutes les communes de la République, Paris excepté, sont nommés par tous les électeurs de la commune, sur scrutins de liste, écrits dans la salle du vote, et à la majorité relative des voix ;

2° L'élection est faite pour trois ans ;

3° Huit jours après l'élection, le Conseil, convoqué par le premier inscrit sur la liste, nomme pour trois ans, son Maire et ses Adjoints, par scrutin secret et à la majortié des voix.

Ce système, adopté pour la formation des Conseils municipaux, reste à établir comment ces Conseils devront fonctionner. Il n'entre pas dans mes projets de traiter à fond cette question très-complexe. Je dirai seulement que jusqu'à présent les Communes ont été tenues en tutelle par le pouvoir, bien plutôt pour les pousser vers une direction politique favorable à ce pouvoir, que pour faciliter leur administion. Il faut que cela finisse ; il faut que l'émancipation communale entre dans la loi et dans nos mœurs. Comment, en effet, ne pas reconnaître que le Conseil municipal élu librement, sans pression préfectorale ou autre, est apte à administrer les biens de la Commune; à faire sa police d'ordre, de sûreté, d’hygiène ; à surveiller ses écoles, à entretenir ses voies de communication, etc.?

Je ne suis pas pour la suppression des préfectures et des sous-préfectures ; peut-être faudra-t-il un jour en fusionner quelques-unes, en supprimer d’inutiles et en créer sur d’autres points ; mais cela ne se peut faire qu’avec la plus grande circonspection ; car, s’il est juste et nécessaire d’émanciper les communes au point de vue administratif, il faut conserver précieusement la centralisation politique de la France. Cela seul motiverait la présence dans les provinces d’une autorité politique d’un ordre élevé, qu’on l’appelle préfet ou de tout autre nom, quand bien même ou trouverait d’autres moyens d’administrer les départements, avec plus d’économie et de profit pour les populations.

Puisque je parle des préfets, quoique incidemment, qu’il me soit permis de demander la suppression des Conseils de préfecture, en faveur de la justice ordinaire, par application de ce principe salutaire : *que nul ne peut être à la fois juge et partie.*

X

CONSEILS D’ARRONDISSEMENT.

1° Les Conseils d’arrondissement, dans tous les départements autres que celui de la Seine, sont nommés pour trois ans, par les électeurs réunis aux chefs-lieux de canton. L’élection se fait à la majorité relative des voix ;

2° Les Conseils d'arrondissement nomment cha-que année leur président et les autres membres de leur bureau.

CONSEILS GÉNÉRAUX.

1° Les Conseils généraux, dans tous les départe-ments autres que celui de la Seine, sont nommés pour trois ans. L'élection se fait par tous les élec-teurs, aux chefs-lieux de canton, à la majorité rela-tive des voix ;

2° Les Conseils généraux nomment chaque an-née leur président et les autres membres de leur bureau.

La manière seule dont je désire la formation des Conseils d'arrondissement et généraux, indique suf-fisamment qu'il me paraît indispensable de leur donner des attributions nouvelles prises sur celles des préfectures et sous-préfectures, en faveur de la décentralisation communale.

Peut-être faudra-t-il, à un moment donné, faire passer aux mains du Conseil général, toutes les affaires *administratives* purement départementales, ne laissant aux préfets et sous-préfets, que les droits indispensables à l'état représenté par eux, au profit de la centralisation *politique,* à laquelle on ne sau-rait donner trop de force et de stabilité.

Mais il faut étudier des questions aussi graves et les mûrir, avant de les résoudre ; il faut prendre garde de ne pas tout désorganiser, par trop de pré-cipitation.

L'Angleterre a mis soixante ans pour améliorer sa

loi électorale. Entrons enfin dans cette voie de progression lente, mais incessante ; habituons-nous à introduire, dans nos mœurs et nos usages, un esprit de méditation qui nous gare de l'entraînement et de la légèreté nationale, cause de tant de désastres et de ruines.

XI

PARIS. — CONSEIL MUNICIPAL.

Le Conseil municipal de Paris se compose de quatre-vingts conseillers et des maires et adjoints élus de la manière suivante :

1° Les électeurs de chaque arrondissement nomment, pour trois ans, *quatre* d'entre eux, à la majorité relative des voix ;

2° Huit jours après, les mêmes électeurs forment, au scrutin secret, une liste de douze membres par chaque arrondissement ; le chef de l'État choisit sur cette liste le maire et les adjoints de chaque arrondissement, dans un délai qui ne peut dépasser huit jours ;

3° Cette élection faite, le Conseil se réunit à l'Hôtel-de-Ville et nomme ses président, vice-présidents et secrétaires pour trois ans ;

4° Dans toutes les réunions du Conseil municipal, les préfets de la Seine et de police pourront prendre part aux discussions, mais seulement avec voix consultative.

CONSEIL GÉNÉRAL DU DÉPARTEMENT DE LA SEINE,

1° Le Conseil général du département de la Seine se compose :

1° Du Conseil municipal de Paris ;

2° Des maires de Saint-Denis et de Sceaux ;

3° De cinq membres des Conseils municipaux de chacun des deux arrondissements, qui seront nommés par leurs collègues, convoqués à cet effet au chef-lieu d'arrondissement, au scrutin de liste et à la majorité relative des voix.

2° Les préfets de la Seine et de police prendront part aux réunions du Conseil général, mais avec voix consultative seulement.

NOTA. — Les attributions des Conseils de la Ville de Paris doivent nécessairement être réglementées par des dispositions spéciales que je ne me hasarde pas à préciser ici.

Jusqu'à présent, toutes ces élections ont été faites à la majorité absolue des voix dans la France entière. Il en résultait la présentation d'un nombre démesuré de candidats, et deux scrutins. Or, à moins de circonstances exceptionnelles, le second vote réunissait rarement autant d'électeurs que le premier, et donnait quelquefois des élus qui avaient moins de voix qu'au premier tour de scrutin.

Lorsqu'il sera décidé que ces élections seront faites le premier jour, à la majorité relative des voix, les groupes s'entendront mieux, les candidats fantaisistes seront délaissés, les agitations inutiles disparaîtront, les choix auront, dès le début, un caractère plus sérieux. Tout cela étant prouvé, les électeurs ne manqueraient pas à l'appel; la chose publique ne pourrait qu'y gagner. J'ai hâte d'ajouter toutefois, que ce sont là réflexions secondaires, la majorité absolue pouvant, quand même, être conservée dans toutes les élections.

XII

SÉNATEURS ET DÉPUTÉS.

Beaucoup de Républicains ne veulent qu'une Chambre et le chef de l'État. Telle n'est pas mon opinion : Une seule Chambre, craignant ses propres erreurs, se décide à ne voter les lois qu'après plusieurs lectures, à quelques jours d'intervalle. Or, l'expérience a prouvé que les premiers examens se faisaient avec trop d'abandon, tous les efforts se réservant pour le jour de la discussion définitive. Ce n'est pas seulement chez nous que ces faits se sont produits : le même exemple nous est donné par l'Angleterre et l'Allemagne elle-même.

Je préfère donc deux Chambres, délibérant l'une après l'autre, se corrigeant l'une l'autre, ayant le temps d'examen et de réflexion qui donnent moins de prise à l'erreur, à l'entraînement et aux surprises.

Les lois ainsi votées et sanctionnées par le président de la République auront toute la maturité désirable. Et, si un conflit s'élève entre les Chambres et le président opposant son *veto*, le dernier mot reste toujours aux sénateurs et aux députés, représentants lẹs plus immédiats de la Nation par leur permanence indéfinie basée sur le renouvellement annuel et par tiers.

En fait, président, sénateurs et députés sortant de l'élection libre, souvent renouvelée, la nation reste toujours le seul et vrai souverain. Ses erreurs, quand elle en commet, ont peu de gravité, puisqu'elles ont une durée limitée à quatre ans au plus.

Avec un Gouvernement semblable, toutes les questions se décident au scrutin ; leur dénouement par la violence serait un crime. Voilà ce qu'il importe de répéter sans cesse au pays.

Les États-Unis d'Amérique, à leur naissance, décidèrent que des deux forces législatives qu'ils créaient l'une devait être égale en nombre pour chaque État fédéré, sans égard pour la population : *Le Sénat ;* l'autre, *la Chambre des députés,* étant au contraire variable en nombre comme la population. Ce fut une sage mesure qui contribua puissamment à l'union, en écartant de l'esprit des petits États la crainte de se voir dominer par les grands.

Je propose cette méthode pour la France, avec l'élection du Sénat par les maires et adjoints, qui sortent eux-mêmes du suffrage de leurs concitoyens ; trois sénateurs par département et le renouvellement par tiers chaque année.

Le Sénat devant être un corps pondérateur au besoin, on comprend la nécessité de le composer d'hommes ayant toute l'expérience de la vie, c'est-à-dire 30 ans au moins. L'obligation de prendre tous les sénateurs dans les départements qui les élisent assure aux populations des représentants de leurs intérêts privés, qui ne s'accordent pas toujours avec ceux des régions opposées. On l'a vu, lorsque les huiles de Sésame, pénétrant dans le Midi, menacèrent les huiles d'œillette récoltées dans le Nord ; chaque fois aussi que les alcools et le sucre de betterave furent aux prises avec les sucres de nos colonies et les esprits-de-vin du Midi. L'intérêt public a rarement à souffrir de ces luttes de l'agriculture et de l'industrie, mais il est bon que chaque province puisse compter sur la fermeté intéressée de quelques-uns de ses représentants, dans des questions qu'elle considère comme vitales.

L'obligation de prendre les trois quarts des députés dans les départements qui les nomment repose sur les mêmes principes ; mais il y a toujours des hommes tellement éminents qu'il faut laisser à la France la possibilité de manifester sa reconnaissance et son respect par des élections multiples du même citoyen.

Le droit accordé aux monarques de dissoudre les Chambres lorsqu'elles cessent d'être complaisantes ; de faire des *fournées* de sénateurs ou pairs de France pour déplacer la majorité, est un crime de lèse-nation que la République fait disparaître, en mettant les Chambres au-dessus du président et leur donnant une existence indestructible. L'élection annuelle du tiers des législateurs tient toujours les deux corps en communauté de sentiments avec la Nation : c'est le plus ferme obstacle aux révolutions, au retour vers le passé.

Les élections n'étant que partielles, elles se font avec plus de calme et de maturité que lorsqu'elles embrassent le pays tout entier. Enfin, les électeurs sachant que leur sort est dans la formation périodique du Gouvernement, y penseront davantage, se verront plus souvent, se grouperont mieux selon leurs idées.

Les élections donnant un pouvoir triennal seulement, sauf pour le Président et le Vice-Président, qui sont élus pour quatre ans, les abus n'auront pas le temps de prendre racine ; ils disparaîtront avec leurs auteurs au premier souffle électoral.

Les deux tiers, sortant la première et la seconde année, le principe triennal sera momentanément écarté pour eux ; mais cela ne saurait se faire autrement, et, la réélection étant permise, elle forme un correctif suffisant.

SÉNAT.

1° Le Sénat est composé de trois sénateurs par département, quelle qu'en soit la population ;

2° Les sénateurs sont nommés pour trois ans, avec renouvellement par tiers chaque année et dans chaque département. L'élection est faite par tous les maires et adjoints du département ou, à leur défaut, par leurs suppléants, conseillers désignés par le Conseil, tous réunis au chef-lieu du département. Cette élection se fait à la majorité relative des voix. L'absence d'un ou plusieurs représentants des Conseils municipaux ne vicie pas l'élection ;

3° Les sénateurs sortants sont rééligibles ;

4° Nul ne peut être nommé sénateur s'il n'est Français, âgé de 30 ans au moins, habitant la France depuis sept ans, et s'il n'est inscrit sur la liste électorale du département qui le choisit.

Voilà une élection à deux degrés que je crois cependant excellente. Il ne faut pas oublier que les esprits les plus compétents sont fort divisés sur cette question : « Le suffrage est-il préférable à un ou à deux degrés? »

En 1789, pendant les meilleurs jours de notre grande Révolution, nos pères préféraient le suffrage à deux degrés; aujourd'hui même, ce suffrage est employé aux États-Unis dans certains cas déterminés. Pourquoi donc la France s'obstinerait-elle dans le cercle unitaire qui a donné de si mauvais fruits pendant dix-huit ans?

L'élection à deux degrés étant admise, je ne vois pas qu'il soit possible de mieux choisir les électeurs, qu'en prenant les maires et adjoints, *tous* élus par leurs concitoyens. C'est ce qui m'a décidé à leur donner la haute mission de former le Sénat.

CHAMBRE DES DÉPUTÉS.

1° Chaque département nomme un député pour cinquante mille de ses habitants. Les fractions au-dessous de cinquante mille seront réunies à d'autres fractions des départements voisins, de manière à ce que la représentation de tous les citoyens soit complète;

2° Il y aura un Collége électoral pour chaque fraction de cinquante mille habitants dans les chefs-lieux d'arrondissement et autres localités si cela est nécessaire ; ce Collége sera présidé par le maire de la localité ; les assesseurs seront fournis par les Conseils municipaux de la circonscription ;

3° Chaque Collége nomme un député pour trois ans, à la majorité absolue des voix. Si cette majorité n'est pas obtenue au premier tour de scrutin, il sera procédé à un second tour huit jours après, et l'élection aura lieu à la majorité relative des voix;

4° Chaque année, un tiers des députés sera soumis à la réélection ou à un remplacement. Les deux premiers tiers sortant seront désignés par le sort ;

5° Les trois quarts des députés, au moins, seront choisis par chaque département parmi ses propres électeurs.

Contrairement à ce que je propose pour l'élection des sénateurs, il me paraît bon de faire nommer les députés par le suffrage direct et à la majorité absolue des voix. Nous verrons ainsi fonctionner les deux systèmes côte à côte — élection à un et deux degrés, à la majorité relative et à la majorité absolue, — sans danger pour la République, c'est-à-dire dans les seules conditions où il soit permis d'expérimenter.

XIII

PRÉSIDENT ET VICE-PRÉSIDENT.

1° Le Président de la République est nommé pour quatre ans par les sénateurs et les députés, réunis à cet effet. L'élection a lieu à la majorité absolue des voix au premier tour de scrutin, et à la majorité relative au second tour, s'il y a lieu. A nombre égal de voix, la Présidence appartient au plus âgé des compétiteurs ;

2° Le Vice-Président est nommé de la même façon;

3° En cas de mort du Président ou du Vice-Président, le Sénat et la Chambre des députés, procédant par la voie ordinaire, leur nomment des successeur pour le temps de leur exercice qui restait à remplir ;

4° Le Président et le Vice-Président sortants ne peuvent être réélus aux mêmes fonctions deux fois de suite ;

4° Nul ne peut être élu Président ou Vice-Président de la République s'il n'est Français, habitant la France depuis dix ans au moins et âgé de 35 ans.

Tout citoyen descendant des familles qui ont régné sur la France est exclu des fonctions de Président et Vice-Président de la République, jusqu'à la dixième génération ;

6° Le Sénat et la Chambre des députés peuvent prononcer la déchéance du Président et du Vice-Président *au cas d'incapacité,* et leur donner des successeurs, comme il est dit à l'article 3.

XIV

FONCTIONNEMENT DU PRÉSIDENT DU SÉNAT ET DE LA CHAMBRE DES DÉPUTÉS.

1° Le Président remplit toutes les fonctions d'un chef d'État, avec le concours des sénateurs et des députés de la Nation ;

2° Les lois sont faites par le Sénat et la Chambre des députés, délibérant et votant séparément, et ne sont valables que lorsqu'elles ont été votées par les deux Chambres. Après ce vote, elles sont soumises à la sanction du Président, cette sanction seule les rendant exécutoires à ce moment. Si, dans le mois, le Président oppose son *veto,* les mêmes lois reviennent aussitôt devant les Chambres, qui prononcent de nouveau, mais à la majorité des deux tiers des membres qui les composent. Après ce vote, les lois sont exécutoires, nonobstant le *veto* présidentiel ;

3° Le Sénat et la Chambre des députés sont en permanence, se réunissant, délibérant et prenant des congés sur leurs propres et uniques décisions. Aucun interdit d'aucune espèce ne peut les atteindre ;

4° Le Vice-Président est Président de droit du Sénat, qui nomme les autres membres de son bureau, et fait son règlement intérieur ;

5° La Chambre des députés nomme tous les membres de son bureau, et fait son règlement intérieur.

ARTICLE TRANSITOIRE.

1° M. Thiers, chef du pouvoir exécutif, est nommé premier Président de la République française, pour quatre ans.

2° M. Grévy, Président du Corps législatif, est nommé Vice-Président de la République française, pour quatre ans.

XV

TRAITEMENT DU PRÉSIDENT, DU VICE-PRÉSIDENT, DES DÉPUTÉS ET DES SÉNATEURS.

1° Pendant toute la durée de son exercice, le Président de la République reçoit un traitement annuel de un million et dispose de la résidence présidentielle ;

2° L'indemnité du Vice-Président est de cent mille francs par an ;

3° L'indemnité des Députés et des Sénateurs est de dix mille francs par an ; ils pourront y renoncer.

Le premier acte d'une dynastie nouvelle ou qui revient, est d'exiler tous les membres de celle qui s'en va. La République a d'autres agissements, elle ouvre les bras à tous les enfants de la France. Et, si elle s'oppose à l'occupation de la première charge de l'État par quelques générations, c'est qu'elle est résolue à combattre toutes les révolutions venant d'en haut, aussi bien que celles venant d'en bas. L'exception qu'elle établit est donc une mesure de précaution que la prudence ordonne impérieusement.

On me dira, sans doute : « Vos projets ne sont pas suffisamment élaborés ; fussent-ils goûtés par le législateur, il ne pourrait les convertir en lois sans les remanier. » Je le sais, et cependant je persiste à les conserver ainsi. C'est qu'en effet, mon but est simplement d'indiquer les principes sur lesquels il faut s'appuyer, si l'on veut réellement le triomphe de la République, et je n'ai pas trouvé de moyen plus sûr pour me faire comprendre, que de convertir en articles significatifs, mais courts, ce qu'il eût été possible de développer par le discours allongé.

En réalité mon système est complet, quoique à l'état de canevas; on peut le trouver mauvais; mais il me paraît difficile qu'il ne rallie pas tous les républicains, tous les libéraux, tous les hommes d'ordre qui veulent avant tout la liberté légale avec le gouvernement du pays par le pays.

XVI

Tous les hommes de valeur ont une tendance naturelle à représenter leurs concitoyens dans les conseils de la Nation. On ne saurait trop s'en féliciter, surtout lorsque les fonctions briguées sont purement honorifiques. C'est dans cet esprit que je propose de laisser aux Sénateurs et aux Députés la faculté de renoncer à leur traitement, qui représente un gros chiffre. On me dira que le privilége de la fortune se fera sentir ici, en blessant les représentants qui ne peuvent abandonner ce traitement. L'argument ne me séduit pas : s'il se rencontre des hommes supérieurs, maltraités par la fortune, dans l'une ou l'autre Chambre, ils auront l'esprit assez élevé pour n'être point froissés de ce que des collègues plus favorisés laissent au trésor public si chargé des ressources essentielles.

N'oublions pas qu'il faut économiser sans cesse, pour faire disparaître les dettes de la France ou les amoindrir. Elles coûtaient déjà aux contribuables 6 à 700 millions par an, *seulement en intérêts à payer aux prêteurs ;* ce chiffre va peut-être se doubler à [la suite de l'épouvantable guerre qui finit, tant par les indemnités imposées par l'ennemi que par nos propres dépenses. On ne peut en sortir que par l'économie immédiate et soutenue, ou la banqueroute dans l'avenir. Le choix n'est pas douteux, et il est merveilleusement servi par l'institution de la République, cette ruche sans fin où le travail, la vertu président à tous les actes.

Donc, guerre aux gros traitements et aux sinécures. En fixant à 10,000 francs seulement celui des hommes occupant les plus hautes charges dans l'État, on peut être sûr que ces élus de la nation sauront exiger de tous les autres fonctionnaires un dévouement basé sur l'honneur de servir le pays, plutôt que sur les profits de la place. En autorisant les Sénateurs et les Députés à renoncer à leur traitement, c'est indiquer aux électeurs qu'il y a presque toujours avantage à choisir des hommes qui, ayant su faire leurs propres affaires, feront bien celles du pays. Encourageons partout les dévouements désintéressés.

Les Maires et Adjoints, les Administrateurs des bureaux de bienfaisance, ne fournissent-ils pas cet exemple admirable d'un travail difficile et incessant, sans rétribution d'aucune espèce ?

Puisque je touche à la question des finances,

qu'il me soit permis de le faire avec plus de développements peut-être que ne le comporte ce travail. Longtemps membre des conseils de plusieurs compagnies, notamment d'une maison de banque où les millions se remuaient par centaines, j'ai eu l'occasion et le devoir de méditer sur les budgets publics et privés, et d'en étudier les rouages. Or, pour les uns comme pour les autres, il y a un principe salutaire : « calculer les dépenses sur les ressources; ne pas manger le revenu, avant de l'avoir récolté ». Les États et les particuliers qui en font autrement ressemblent aux fils de famille qui empruntent sur la succession future de leurs parents, et sont ruinés quand la succession arrive.

Les industriels, les grandes compagnies ne manquent pas d'appliquer une partie des bénéfices à la réserve et à l'amortissement; ils supputent les profits avec prudence, restant plutôt au-dessous qu'au-dessus de la vérité; ils éteignent annuellement les dépenses de premier établissement et les empunts; ils ne donnent de dividende qu'après le prélèvement nécessaire à tous les services. Voilà de la bonne administration. En est-il de même dans l'administration générale de l'État? Hélas non! Les budgets sont d'ordinaire préparés avec art, pour masquer la vérité; la balance s'y fait avec l'argent emprunté, ce qui est une monstruosité économique, ou avec des prévisions fantaisistes de recettes. Puis ces prévisions sont reconnues exagérées, lorsque les dépenses sont faites; le ministre s'excuse, et les fonds sont votés parce qu'il y a *faits accomplis.* Et le tour est fait. Je n'en veux pour preuve que la résistance de la Cour des comptes en présence des derniers budgets de l'Empire et de la ville de Paris. S'il survient de l'imprévu, comme les coffres sont toujours vides, pourvu que quelque serviteur ait le moyen d'organiser ce qu'on décore du titre d'*emprunt national* (par ironie sans doute, tout emprunt affaiblissant la nation), la grosse caisse est battue et la France paye. D'amortissement, de réserve ! il n'en est pas question, et la dette grossit dans des proportions effrayantes.

Voilà ce que nous avons vu depuis qu'un soldat heureux releva à son profit le trône de Louis xvi. On peut donc dire avec tristesse, que les gouvernements qui se sont succédé depuis quatre-vingts ans, ont tous plus ou moins ressemblé aux enfants prodigues.

Il faut répéter sans cesse aujourd'hui : Économisons, amortissons, en diminuant l'ensemble des traitements, en récoltant avec plus de mesure.

C'est dans ce sentiment que, même avec ces économies, ces amortissements, je ne désire pas une diminution sur les impôts. Avant d'y songer, il faudra obtenir l'extinction de la dette publique et une réserve en caisse égale au budget d'une année.

A ceux qui, ainsi que moi, ne peuvent espérer voir de si beaux jours, je dirai : il appartient aux hommes qui s'en vont de planter les jalons de l'avenir.

L'impôt progressif changerait tout notre système

financier ; seul, il me paraît avoir la force de sauver les finances de la France. Je sais tous les adversaires qu'il rencontre, je ne m'en effraie pas : si la mesure est bonne, elle fera son chemin. Au fond, de même que dans les familles le plus riche vient en aide au plus nécessiteux, il est juste que le citoyen contribue aux charges de l'État en raison de ses propres forces ; et je voudrais, outre les impôts proportionnels ordinaires, un *income-tax français*, basé sur ce principe. Alors celui qui a 100 mille francs de rentes payera 10 pour cent, quand un revenu de 25 mille francs ne sera frappé que de 5 pour cent, ces chiffres émis simplement pour faire mieux saisir ma pensée ; et ainsi de suite.

Paris donne, en petit, un exemple de ce système, en exonérant d'impôt les loyers de 400 francs et au-dessous.

La question a été souvent posée, jamais bien étudiée. Aujourd'hui, dans l'état de nos finances, elle ne peut être éludée. Je me contente de l'indiquer, sous la réserve de ne l'appliquer qu'à l'état transitoire, et jusqu'au jour où les finances de l'État permettront d'en adoucir la rigueur.

Je pourrais clore ici mon travail ; mais du moment qu'il est entendu que la seule visée poursuivie se réduit à présenter des cadres significatifs quoique incomplets, je passe à un projet de loi militaire.

XVII

PROJET DE LOI SUR LA FORCE ARMÉE.

1° Tout Français doit le service à la patrie, depuis vingt ans jusqu'à cinquante ans. Il ne peut se faire remplacer ; il ne peut être exempté que pour vice de constitution le rendant impropre au service ;

2° A vingt ans il entre dans l'armée active, où il sert pendant trois ans ; puis il fait partie de l'armée de réserve pendant deux ans ;

3° La réserve peut toujours être rappelée sous les drapeaux ;

4° En sortant de la réserve, les soldats passent dans la garde nationale jusqu'à l'âge de cinquante ans, qu'ils soient mariés, veufs ou garçons, avec ou sans enfants ;

5° La garde nationale est divisée en *garde active* et *garde sédentaire*. La garde active commence à vingt-cinq ans et finit à quarante ; elle est divisée en cadres de cinq en cinq ans, tous attachés à un cercle militaire, où se trouvent les armes, vêtements, etc. (équipement complet de chaque homme) toujours tenus en bon état.

Les trois sections de gardes actifs, vingt-cinq à trente ans, trente à trente-cinq ans, trente-cinq à quarante ans, seront toujours organisées de manière à pouvoir entrer en campagne au premier appel.

Toutes les sections, officiers, sous-officiers et soldats, seront convoquées chaque année, soit ensemble, soit isolément pour être passées en revue, et même afin de se livrer aux exercices jugés nécessaires pour les entretenir en état d'*armée* propre à faire campagne. Les médecins, les pharmaciens, les vétérinaires compris dans chaque section, y occuperont un grade médical ; les prêtres et les maîtres d'école, un emploi dans les ambulances; les lettrés, des positions dans les bureaux. Autant qu'il sera possible, chaque homme sera occupé dans ce à quoi il est le plus apte par sa profession ;

6° Au premier appel, chaque section, à commencer par la plus jeune, se rend immédiatement à son cercle militaire et prend aussitôt la qualité d'armée permanente, pouvant être également employée à l'intérieur et à l'extérieur.

7° La garde sédentaire sera organisée en une seule section (hommes mariés, veufs ou non-mariés), absolument comme la garde active, et attachée au même cercle militaire.

Elle sera plus particulièrement appelée au service intérieur de la République, et ne pourra être conduite hors du territoire qu'après épuisement de toutes les sections de la garde active.

Chaque citoyen, passant d'une section à l'autre en vieillissant, la garde nationale sédentaire connaît nécessairement le maniement des armes. En conséquence, elle ne sera pas soumise aux appels et exercices annuels de la garde active. La garde nationale sédentaire pourra être désignée pour faire un service d'ordre et de police dans sa commune, et même dans le département, service temporaire ou continu ; des armes lui seraient, dans ce cas, remises en nombre suffisant ;

8° Tous les grades, dans l'armée, dans la garde nationale active et sédentaire, soht conférés par le chef de l'État, depuis le grade de sous-lieutenant jusqu'à celui de chef de bataillon ou d'escadron inclusivement, *après examen,* selon les règlements à intervenir.

A partir du grade de lieutenant-colonel, il n'y a pas d'examen à passer, et l'élection se fait toujours par le président de la République.

9° ARMÉE NAVALE. — Il paraît que la réorganisation de nos flottes ne laisse pas moins à désirer que celle des armées de terre. Quoique j'aie étudié bien des publications sur la matière, je ne saurais rien proposer de concluant : Les hommes du métier seuls me paraissent être en état d'ouvrir une enquête et de formuler un projet satisfaisant.

Il est évident que nos Écoles militaires joueront toujours un rôle considérable pour nos armées. Si je n'en parle pas, c'est qu'elles se recommandent tellement par elles-mêmes, qu'il n'y a qu'à les conserver et les étendre, sauf à y introduire les éléments que la science fournit au jour le jour.

La nécessité des examens jusqu'au grade de chef de bataillon donnera fatalement un corps d'officiers supérieurs plus solide que par le passé, si cela est possible ; mais elle a surtout pour but de forcer les jeunes officiers à l'étude permanente, sans laquelle les grades supérieurs leur resteront interdits. Avec les nouveaux engins de guerre et les immenses armées mises en mouvement, la bravoure ne suffit pas ; il faut de la science autrement que ne la comprenaient nos vieux *grognards*.

Rien ne serait plus nécessaire que d'adopter des équipements militaires moins gênants que par le passé, plus *uniformes,* également bons en temps de paix et de guerre. Qu'y a-t-il de moins commode que la guêtre, en campagne? Et nos coiffures, combien ne laissent-elles pas à désirer ! Vieux chasseur, j'ai pu apprécier les avantages des costumes simples, amples, solides. Quant à l'armement, il est évident qu'une seule espèce et un seul calibre de fusil sont indiqués, afin que les cartouches de l'un puissent servir à l'autre corps. Le fusil Chassepot me paraît jusqu'à présent ce qu'il y a de mieux. Pas de lésinerie de ce côté ; supprimons tous les vieux fusils et forgeons des Chassepots.

GENDARMERIE.

1° Le service ordinaire d'ordre et de sûreté, dans les villes et les campagnes, continuera à être fait par la gendarmerie, concurremment avec les forces municipales affectées à ce service.

L'organisation de la force armée, proposée par un simple citoyen, peut paraître un peu téméraire ; mais, ne l'ai-je pas dit, je ne prétends qu'à former des canevas. Du reste, comment se fera cette loi militaire? Les députés consulteront les hommes du métier, et étudieront les ouvrages spéciaux. J'ai commencé par là. C'est ainsi que je fus toujours effrayé, en comparant notre organisation avec celle de la Prusse. Le prince Charles, dans un ouvrage àyant pour titre, je crois : *De la manière de battre les Français*, rend hommage à notre valeur ; mais il ne manque pas de faire remarquer cette confiance, légèreté grave à la guerre, qui nous pousse toujours en avant sans *éclaireurs*, sans compter le nombre de nos adversaires, presque sans avant-gardes. Combien de fois n'ai-je pas entendu des hommes considérables, déclarant que la cavalerie désormais ne jouerait qu'un rôle secondaire ! La Prusse ne le pense pas ainsi, et une cavalerie nombreuse garde ses bataillons, éclaire leur marche et fournit à l'état-major tous les renseignements dont il a besoin. L'armée allemande n'est ainsi jamais prise en défaut.

. . . .

Je ne connais pas de plus grand fléau que la guerre, mais il n'est pas de plus affreuses douleurs que celles produites par l'envahissement de la patrie. Avisons !

Les jours lugubres que nous venons de traverser démontrent le peu de cas qu'il faut faire des alliances douteuses.

Que la Russie se soit croisé les bras, que l'Autriche n'ait pas tressailli, que l'Italie n'ait pensé qu'à prendre Rome, quoi d'étonnant ? La guerre de Crimée, toute au profit de l'Angleterre, a dû laisser d'amers souvenirs contre nous. La guerre d'Italie, aussi impolitique qu'insensée, — hélas ! nous l'avons vu trop tard, — cette guerre préparant les désastres de l'Autriche, n'a pu nous attacher cette puissance. L'Italie, *une* par notre sang et notre or, n'est-ce pas un fardeau de reconnaissance trop lourd à supporter ?

Mais l'Angleterre, à laquelle l'Empire n'a rien

refusé, quels remords elle s'est préparés par sa froide attitude devant les affres de la France ! Je veux dire : le Gouvernement anglais, ne faisant pas à la Nation anglaise l'injure de ce que le *livre bleu* nous apprend, de ce que des journaux de Londres regardent presque comme une trahison.

Un jour peut-être, la Russie, pressant sa marche vers les Indes anglaises, arrivant à la mer d'*Oman,* à travers la Perse, par l'*Euphrate ;* ou bien le czar, s'entendant avec le grand sultan, le protégeant au lieu de le menacer, gagnant alors la Méditerranée et Suez dans des desseins qu'il est possible d'entrevoir, l'Angleterre regrettera sa fidèle alliée.... Celle-ci, je l'espère, se souviendra qu'elle n'a rien à perdre dans les changements de maîtres en Orient.

L'alliance russe doit nous être chère ; elle est sans équivalent, à mes yeux.

Mais organisons-nous dès à présent, comm e si nous étions seuls contre tous ; n'attendons pas les événements qui écrasent, prévoyons-les. Et, si une fois encore les luttes de géants se produisent, nous pourrons nous montrer invincibles, parce que tout ne sera pas à commencer quand tout devrait être fait.

XVIII

EXTINCTION DE LA MENDICITÉ.

1° La mendicité est interdite sur tout le territoire de la République ;

2° Chaque commune nourrit ses pauvres ; si ses ressources sont insuffisantes, le département vient à son secours ; si le département est lui-même trop pauvre, le Gouvernement lui vient en aide ;

3° Des centimes additionnels sont appliqués à ce service dans toutes les communes. Ils seront perçus sans frais d'aucune espèce ; les départements aviseront de leur côté ;

4° Les fonds destinés aux pauvres ne pourront en aucun cas être distraits de ce service ;

5° Le budget de l'État aura un chapitre spécial pour le service des pauvres.

L'appel d'un peuple entier sous les armes, à un moment donné, peut jeter une grande perturbation dans la société, des chefs de famille disparaissant dans la guerre ou en revenant infirmes. Alors c'est la misère et la mendicité. Il faut se rappeler les angoisses des familles de mobiles, de soldats rappelés sous les drapeaux, de mobilisés, pendant cet hiver, lorsque les travaux étaient arrêtés et les économies du ménage épuisées. N'oublions pas les inquiétudes des municipalités à la recherche des ressources que nécessitaient ces intéressantes infortunes. Sans doute, la charité publique est inépuisable, mais elle donnerait de meilleurs fruits si elle était régularisée pour parer en tout temps à toutes les éventualités.

C'est dans cette pensée qu'a été conçu mon projet. N'eût-il pour effet que de faire disparaître les mendiants *par profession,* cette lèpre incorrigible, qu'il ne serait pas indigne de l'attention des législateurs.

FUMOUZE.

Démissionnaire du 2 *décembre* 1851,
comme Adjoint au Maire de l'Ile-Saint-Denis.

25 février 1871.

TABLE DES MATIÈRES

Paris. — Imprimerie MALTESTE et Ce, rue des Deux-Portes-Saint-Sauveur, 22.